BETTINA BÖRGERDING • WENKA VON MIKULICZ

Bibi & Tina

DAS FANBUCH zur SERIE

cbj

Inhalt

Bibi Blocksberg

DIE ROLLE

» Ich habe sehr viel gemeinsam mit meiner Rolle, würde ich sagen! Wir sind beide sehr fröhliche aufgeweckte Menschen, die viel Energie haben und die gerne anderen Leuten helfen wollen. Was uns vielleicht unterscheidet ist, dass ich in Wirklichkeit nicht hexen kann. «

KATHARINA HIRSCHBERG

Abgesehen davon, dass Bibi Blocksberg hexen kann, ist sie ein ganz normaler Teenager. Und sie liebt Pferde! Deshalb verbringt sie fast jede Ferien auf dem Martinshof bei ihrer Freundin Tina und der Schimmelstute Sabrina. Bibi ist selbstbewusst, gewitzt, manchmal etwas ungestüm und vorlaut, aber immer fröhlich, aufgeweckt und mit viel Gespür für die Nöte von Menschen und Tieren. Da Hexerei auf dem Martinshof verboten ist, wendet Bibi ihre Hexkraft nur in Notfällen an – wobei sie den Begriff »Notfall« manchmal etwas großzügig auslegt. Doch auch ohne Hexerei ist das tägliche Leben von Bibi und Tina voller Fantasie und ein immerwährendes Abenteuer.

Katharina Hirschberg

» Ich persönlich verbinde mit Bibi und Tina einen ganz, ganz großen Teil meiner Kindheit, weil ich damals schon immer zum Einschlafen die Kassetten von Bibi & Tina gehört hab und mit meinen Freunden auch schon immer Bibi & Tina nachgespielt habe. «

Geburtsjahr und -ort	2003, Jerusalem (Israel)
Sternzeichen	Waage
Mein Spitzname	Ina
Meine Haarfarbe	blond
Meine Augenfarbe	grünbraun mit blauem Rand
Meine Hobbys	Rad fahren, Tanzen, Boxen, was mit Freunden machen
Mein Lebensmotto	Es bringt nichts Pläne zu machen, denn das Leben kommt anders, als man denkt.

Tina Martin

DIE ROLLE

》 Tina ist eigentlich immer ein bisschen die Vernünftigere der beiden Freundinnen. Ich bin da anders: Ich würde sagen, dass ich erst mache und dann nachdenke. Aber Tina ist sehr ehrgeizig, und das bin ich auch. 《

HARRIET HERBIG-MATTEN

Tina Martin ist etwas älter als Bibi und hat schon einen festen Freund, Alexander von Falkenstein. Sie teilt Bibis Liebe zu Tieren, besonders liebt sie Pferde und ihren Fuchshengst Amadeus. Wehe dem, der Tieren etwas zuleide tut! Tina lebt mit ihrer Mutter und ihrem Bruder auf dem Martinshof, wo sie schon früh Verantwortung übernehmen muss. Anders als ihre beste Freundin Bibi ist sie daher besonnener und bremst Bibi gelegentlich. Tina ist selbstbewusst und energisch, manchmal auch aufbrausend und starrköpfig – insbesondere, wenn sie sich von Alexander nicht verstanden fühlt.

Harriet Herbig-Matten

» Ich bin mit Bibi & Tina aufgewachsen. Ich hab schon als Kind die Hörspiele und auch die Filme angeguckt. Daher gab es schon immer die Liebe zu Bibi und Tina! «

Geburtsjahr und -ort	2003, München
Sternzeichen	Löwe
Mein Spitzname	Harrison, Harry
Meine Haarfarbe	braun
Meine Augenfarbe	braun-grün
Meine Hobbys	Tennis, tanzen, Ski und Snowboard
Mein Lebensmotto	Genieße und lebe dein Leben, so wie du es willst!

Wie habt ihr euch für die Serie beworben?

Ina: Ich habe über einen Castingaufruf auf Instagram davon erfahren und mich ohne große Hoffnungen beworben, da meine Freunde meinten, die Rolle würde gut zu mir passen. Dann habe ich eine Einladung zum E-Casting bekommen und wurde einen Monat später zum Live-Casting nach Berlin eingeladen. Da habe ich auch Harriet kennengelernt. Ungefähr zwei Monate später wurde ich erneut eingeladen. Da ging es hauptsächlich darum, einen passenden Alex zu finden und die Konstellation der Schauspieler zu überprüfen.

Harriet: Ich wurde über meine Agentur angefragt und habe ein E-Casting an die Produktion geschickt. Daraufhin kam ich in die engere Auswahl und durfte zum Live-Casting nach Berlin fahren. Die Entscheidung fiel dann im Januar.

Wolltet ihr schon immer Schauspielerin werden?

Ina: Schauspielerin zu werden ist ein Kindheitstraum von mir. Aber wenn ich eine andere Wahl treffen müsste, würde ich vielleicht Ärztin werden wollen.

Harriet: Ich weiß noch, als ich in der Grundschule war, wollte ich sehr lang Lehrerin werden. Aber das hat sich geändert und ja, seit ein paar Jahren will ich Schauspielerin werden.

Habt ihr schon Schauspielerfahrungen durch andere Projekte?

Ina: Ich habe keine Schauspielerfahrung im filmischen Bereich, aber ich habe vorher schon gerne Theater gespielt, Schultheater und in der Kirche.

Harriet: Ja, meine erste Rolle war 2016 beim Kinofilm »Das Pubertier«. Danach habe ich ein bisschen Fernsehen gemacht und Kurzfilme, und das ist jetzt mein nächstes großes Projekt.

Ina und Harriet

Musstet ihr vor dem Dreh reiten lernen?

Ina: Ich bin vorher schon ein paar Jahre geritten, so mit 6 bis 8 Jahren. Ich habe aber ein paar Jahre Pause gemacht, und deshalb musste ich es wieder auffrischen, aber nicht komplett neu lernen.

Harriet: Ich konnte davor gar nicht reiten, das heißt, ich musste für die Serie reiten lernen. Aber es war auf jeden Fall sehr cool und es macht auch sehr viel Spaß.

Habt ihr schon mal etwas Besonderes mit eurem Pferd erlebt?

Ina: Ja, ich bin mal im Winter mit einer Freundin ausgeritten und durch den Schnee galoppiert – das war ein ganz besonderer Moment!

Harriet: Ich habe erst durch den Dreh Kontakt zu Pferden und bin ohne Sattel auf Amadeus geritten!

Was findet ihr das Schönste an der Drehzeit?

Ina: Das allerschönste Erlebnis am Set war der erste Drehtag, weil man alles so ausprobieren konnte und alles so neu war und ich gemerkt habe, wie viel Spaß mir das macht. Das Miteinander mit dem ganzen Team und den anderen Schauspielern und dass man sich auch außerhalb vom Dreh gut versteht, ist einfach eine tolle Erfahrung.

Harriet: Es gibt sehr viele schöne Erlebnisse. Aber ich fand es sehr cool, als wir hier auf dem Martinshof das ganz große Fest gedreht haben und dann das Musikvideo. Wir haben zusammen getanzt und das hat sehr viel Spaß gemacht.

Alexander von Falkenstein

DIE ROLLE

>> Alex ist ein aufrichtiger, liebevoller junger Mann, der gerade lernt, dass man es nicht immer allen recht machen muss. Er liebt das Reiten fast so sehr wie seine Freundin Tina. <<

BENJAMIN WEYGAND

Wie bist du zur Schauspielerei gekommen?
Über meine Eltern, die Synchron-schauspieler sind.

Seit wann reitest du?
Seit ich die Rolle bekommen habe!

Hast du schon mal etwas Besonderes mit (d)einem Pferd erlebt?
Ich bin einmal runtergefallen. Seitdem passe ich besser auf, auch wenn es steht ... Manchmal laufen die nämlich auch von alleine los!

Benjamin Weygand

>> Mit Bibi & Tina verbinde ich einerseits Kindheitserinnerungen – ich hab die Geschichten unglaublich gern gehört. Und zweitens ist es eine wahnsinnig schöne Welt, bei der es Spaß macht, sich reinzuversetzen oder zuzugucken. <<

Geburtsjahr und -ort	2002, München
Sternzeichen	Fisch
Mein Spitzname	Ben, Benji
Meine Haarfarbe	braun
Meine Augenfarbe	braun-grün
Meine Hobbys	ins Theater/Kino gehen, Zeit mit Freunden verbringen
Mein Lebensmotto	Wenn es Plan B nicht gibt, muss Plan A ja funktionieren.

Chico Montoya

DIE ROLLE

» Chico ist auf einem Pferdehof
aufgewachsen und ist daher sehr
einfühlsam mit Pferden. Sein Herz
gehört der Musik – und vielleicht auch
ein wenig den deutschen Mädels,
so heißt es ja auch in seinem Song!
Bibi bemerkt schnell, dass Chico
auf dem Martinshof mehr sucht
als Arbeit! «

CHRISTOPH MORENO

**Wie bist du zur Schauspielerei
gekommen?**
Ich wollte das immer schon machen und
mein bester Freund macht das auch.

Seit wann reitest du?
Ich habe im Kindergarten voltigiert
und war mit meiner Schwester bis zum
Gymnasium immer mal wieder auf einem
Reiterhof. Für Bibi & Tina habe ich dann
wieder neu angefangen.

**Hast du schon mal etwas Besonderes
mit (d)einem Pferd erlebt?**
Beim Reittraining hat die Pferdetrainerin
meinen Tricky Tricks vorführen lassen.
Bei einem hat sich das Pferd vor uns
verbeugt, das war sehr beeindruckend.

Christoph Moreno

» Mit Bibi & Tina verbinde ich Freundschaft, Abenteuer und Hexerei! «

Geburtsjahr und -ort	2001, Rot am Berg
Sternzeichen	Löwe
Mein Spitzname	Moreno, Chris
Meine Haarfarbe	braun
Meine Augenfarbe	braun
Meine Hobbys	Sport, Fußball, Musik, Segeln
Mein Lebensmotto	Carpe diem! Das Leben ist zu vielseitig für ein Motto!

Holger Martin

DIE ROLLE

>> Holger reitet leidenschaftlich gern und teilt seine Begeisterung für Pferde mit den Ferienkindern. Er ist ein Familienmensch und unterstützt seine Mutter, wo er nur kann. Und auch wenn ihn seine kleine Schwester Tina und Bibi manchmal nerven, mag er sie beide sehr gern. <<

RICHARD KREUTZ

Wie bist du zur Schauspielerei gekommen?

Ein Freund aus der Schule war damals in einer Agentur. Dort habe ich mich auch gemeldet. Ich hatte es schon total vergessen, als drei Monate später ein Anruf für ein Casting kam, das dann auch noch geklappt hat. Das war meine erste kleine Rolle.

Seit wann reitest du?

Erst seitdem ich es musste!

Hast du schon mal etwas Besonderes mit (d)einem Pferd erlebt?

Die Zusammenarbeit mit meinem »Kollegen« Billy the Kid war wirklich immer etwas Besonderes!

Richard Kreutz

» Für mich ist Bibi & Tina eine zeitlose, heile Welt, die seit Jahrzehnten Bestand hat. Es geht um Freundschaft, Loyalität und Zusammenhalt, Aufgeschlossenheit, Toleranz und Pferdeabenteuer. «

Geburtsjahr und -ort	1997, Düsseldorf
Sternzeichen	Widder
Mein Spitzname	Richy
Meine Haarfarbe	blond
Meine Augenfarbe	blau
Meine Hobbys	Sport, Musik, Kino, Theater
Mein Lebensmotto	Lebe deinen Traum und habe trotzdem offene Augen für die Welt um dich herum.

Susanne Martin

DIE ROLLE

» Susanne Martin steht mit beiden Beinen fest im Leben. Sie liebt ihre beiden Kinder, Tina und Holger, über alles, und auch Bibi ist mittlerweile wie eine Tochter für sie. Sie lacht gerne, sagt aber auch mal direkt und ohne Samthandschuhe, wo's langgeht. « FRANZISKA WEISZ

Wie bist du zur Schauspielerei gekommen?
Letztlich durch Zufall, aber es war mein Kindheitstraum.

Seit wann reitest du?
Ich bin auf dem Pferd aufgewachsen. Mein geliebtes Pony wurde verkauft, als ich elf Jahre alt war. Mein erster Liebeskummer. Danach wollte ich nicht mehr so richtig. Der Ritt bei Bibi & Tina war der erste echte Galopp seit damals!

Franziska Weisz

> » Mit Bibi & Tina verbinde ich tatsächlich meine eigene Kindheit, weil ich auf dem Land aufgewachsen bin. Wir hatten eine Haflingerstute und ein Pony im Garten. Und dann gab's noch ein paar Schildkröten, ein paar Katzen, ein paar Meerschweinchen und alle möglichen Tiere! «

Geburtsjahr und -ort	1980, Wien, ein Sonntag. Zum Glück.
Sternzeichen	Stier, Aszendent Löwe
Mein Spitzname	Bini – nein, nicht Bibi!
Meine Haarfarbe	blond
Meine Augenfarbe	bernsteinfarben, das ist einfacher als braun-grün-orange
Meine Hobbys	Heimwerken. Für Tanzen, Reiten, Sprachenlernen fehlt mir leider die Zeit.
Mein Lebensmotto	Am Ende wird alles gut. Und wenn es nicht gut wird, ist es noch nicht das Ende. (Oscar Wilde)

Graf Falko

DIE ROLLE

» Graf Falko hat es gern, wenn alles so ist, wie er es kennt. Trotzdem weiß er sehr gut, dass alles immer in Bewegung ist, und dass das auch so sein muss, damit sich die Menschen und die Welt weiterentwickeln. «

HOLGER STOCKHAUS

Wie bist du zur Schauspielerei gekommen?

Schon meine erste Rolle im Kindergarten hat mich für das Schauspielen begeistert: der Spiegel aus »Schneewittchen« – er spiegelt tatsächlich wider, worum es immer beim Spielen geht: dem, der hinein- oder zuschaut, etwas zurückzugeben, was er vorher noch nicht wusste.

Hast du schon mal etwas Besonderes mit (d)einem Pferd erlebt?

Hm … vielleicht mit Happy Day, einer älteren, etwas empfindlichen Stute, die ihren Unmut beim Striegeln mit seitlichen Beißversuchen zum Ausdruck brachte. Als ich sie an der richtigen Stelle an der Schulter massierte, streckte sie plötzlich ihren Kopf genussvoll zu mir, als wollte sie sagen: »Jaaa!!! Sooo!! Geht doch! Warum nicht gleich?!«

Holger
Stockhaus

>> Ich habe Bibi & Tina über meine Tochter kennengelernt, die Bibi Blocksberg und auch Bibi & Tina sehr ausgiebig als Hörspiel gehört hat. Über kleine Umwege bin ich 2017 selber auch zum Reiten gekommen. Ich habe große Freude daran und kann die Kinder da sehr gut verstehen. <<

Geburtsjahr und -ort	1973, Hannover
Sternzeichen	Fische
Meine Haarfarbe	blond
Meine Augenfarbe	blau
Meine Hobbys	Laufen, Reiten, Surfen, Segeln, Ski fahren, klassische Musik, Kochen, Kunst anschauen, Singen
Mein Lebensmotto	Jeden Tag etwas zu tun, das ich noch nie zuvor getan habe.

Freddy

» Freddy ist ein sehr lustiger und
liebevoller Freund in der Gruppe,
ein kleiner Rowdy, der aber einsieht,
wenn er etwas falsch gemacht
hat und dann dafür einsteht. «

DOMINIKUS WEILEDER

**Wie bist du zur Schauspielerei
gekommen?**
In der Schule habe ich früh das Singen
und Theaterspielen angefangen und hatte
auch meinen ersten Gesangsunterricht.
Ich durfte dann große Rollen in einer
Musicalproduktion und in Theaterstücken
spielen, und dann hat mich Film interessiert. Ich wollte mir das anschauen und
hab oft als Komparse mitgemacht, bis
dann das Casting kam und ich die Rolle
bekommen habe bei Bibi & Tina.

Seit wann reitest du?
Mir ist wie Freddy das
Maschinchen näher!

Dominikus Weileder

» Bibi & Tina haben meine Geschwister und ich früher immer im Auto gehört. Ich verbinde damit, dass Probleme auf gute Weise gelöst werden! «

Geburtsjahr und -ort	2000, Hausham
Sternzeichen	Zwilling
Mein Spitzname	Dimi, Domingo
Meine Haarfarbe	blond
Meine Augenfarbe	blau
Meine Hobbys	Fußball, Singen, Muckibude, Wandern
Mein Lebensmotto	Ein unnütz Leben ist ein früher Tod.

Dagobert

Herman van Ulzen

Herman van Ulzen wurde 1948 in Enschede in den Niederlanden im Sternzeichen Skorpion geboren. Seine Hobbys sind Fahrrad fahren, Spazieren, Lesen und Computern.

Lebensmotto: Frieden auf der ganzen Welt und kein Hunger!

» Der Butler Dagobert ist höflich und umweltbewusst und weist den Grafen Falko manchmal in die Schranken. Er mag Bibi und Tina und Freunde sehr!! «

HERMAN VAN ULZEN

Mühlenhofbauer

Dirk Schmidt

Dirk Schmidt wurde 1964 in Helmstedt im Sternzeichen Fisch geboren. Seine Hobbys sind Malerei, Filme und in der Natur unterwegs zu sein.

Lebensmotto: Alles ist im ständigen Wandel.

DIE ROLLE

» Der Mühlenhofbauer denkt ganz pragmatisch und beurteilt die Dinge aus seiner Warte. Er kann auch ein Schlitzohr sein, wenn es um seine Interessen geht, und hat somit über alles meist seine eigenen Ansichten. Er ist öfters skeptisch und daher gern mal misslaunig, hat aber doch ein gutes Herz. «

DIRK SCHMIDT

Dr. Robert Eichhorn

Daniel Donskoy

DIE ROLLE

» Mein Robert ist leicht verpeilt, aber immer am Start mit einem großen Herz für Tiere und natürlich auch für Bibi und Tina. «

DANIEL DONSKOY

Daniel Donskoy wurde 1990 in Moskau im Sternzeichen Wassermann geboren. Seine Hobbys sind Kochen und Yoga.

Lebensmotto: DO IT if you want to.

Henk und Klops

Die beiden kennen Freddy von der Berufsschule und teilen mit ihm die Leidenschaft für Motorräder und Musik. Vor Kurzem haben sie zu dritt eine Band gegründet. Freddy ist der Leader, er singt und spielt Gitarre, Henk und Klops sind vor allem für das Schlagwerk zuständig. Die Band heißt FREDDY AND THE BLACKSMITHS, das heißt auf Deutsch: FREDDY UND DIE SCHMIEDE. Aber Englisch finden sie einfach cooler! Wie überhaupt cool sein ziemlich wichtig für sie ist, das geht dann manchmal auch gehörig daneben …

Leif Ragnar Lunburg

Geburtsjahr und -ort	2001 in Henstedt-Ulzburg
Sternzeichen	Löwe
Meine Hobbys	Musik mehr als alles andere – ich schreibe eigene Songs und baue Beats, trete auch damit auf. Dann natürlich die Schauspielerei. Und alles an Sport, was geht, ich brauche das als Ausgleich …
Mein Lebensmotto	Music is alive.

Jovis Reissner

Geburtsjahr und -ort	2002 in Kiel
Sternzeichen	Krebs
Meine Hobbys	Ich mache Musik. Im Studio und auf der Bühne, auch eigene Songs. Inzwischen auch die Schauspielerei. Und ich liebe Sport, ich war früher Leistungsturner.
Mein Lebensmotto	Just do it!

Mitzi

Kaya Loska

DIE ROLLE

>> Mitzi ist ein überdramatisierendes junges Mädchen, das die Trends des 21. Jahrhunderts etwas zu ernst nimmt – aber eigentlich ziemlich nett ist und niemandem etwas Böses will! <<

KAYA LOSKA

Kaya wurde 2002 in Berlin im Sternzeichen Fisch geboren. Sie war 5 Jahre lang im Musical-theater Friedrichstadtpalast in Berlin aktiv und ist dort dem Schauspiel nahegekommen. Außerdem hat sie angefangen, eigene Video-projekte umzusetzen.

Fritzi

Serena Oexle

DIE ROLLE

>> Fritzi ist ein cooles und stylishes Mädchen, das seine Leidenschaft in dem gemeinsamen Youtube-Kanal mit ihrer besten Freundin Mitzi gefunden hat. <<

SERENA OEXLE

Serena wurde 2003 in Memmingen im Sternzeichen Stier geboren. Schauspielerei war schon immer ihr Traum, und gemeinsam mit Kaya stand sie schon bei der Doku-Soap »Die Mädchen-WG« vor der Kamera.

Danny

Celina Schultheiß

DIE ROLLE

» Danny ist voller Energie und
Lebensfreude, gerne hätte ich so
viel Selbstbewusstsein wie sie. :-) «

CELINA SCHULTHEISS

Celina wurde 2000 im Sternzeichen Zwilling
in Hameln geboren. Ihre Hobbys sind Singen,
Tanzen, Lesen, Kochen. Durch das Singen ist
sie auch zur Schauspielerei gekommen, denn
sie hat einen Song für die Serie im Studio
eingesungen und sich dann spontan für die
Rolle beworben.

Elena

Carolina Vera

DIE ROLLE

» Die feuerherzige Pferdezüchterin
Elena ist Chicos Mutter und
Graf Falkos ehemalige Flamme. «

CAROLINA VERA

Funky Fröhlich

DIE ROLLE

>> Friederike Fröhlich nennt sich nur
»Funky« Fröhlich. Sie hat Radio
Flamingo aufgebaut. Alexander nimmt
sie gerne als Praktikanten an, nicht
zuletzt, weil sie sich schon immer
für den Adel und besonders für Graf
Falko von Falkenstein interessiert hat.
Alexanders überraschende Ideen stellen
ihre Neugier und Aufgeschlossenheit
allerdings auch auf harte Proben. <<

JUDITH RICHTER

Funky Fröhlich reitet nicht, aber du!
Ja, ich reite, seit ich 8 Jahre alt bin. Wir
hatten einen Reiterhof mit fünf Pferden
und zwei Shetlandponys. Mein Pony
Sissy hat mich einmal gerettet, als wir
über ein Feld galoppierten, in dem ein
Graben versteckt war. Wir sind gestürzt,
ich wurde ohnmächtig, sie hat mich wach
gerüttelt. Ich habe mich aufgerafft, und
sie hat mich auf ihrem Rücken nach
Hause gebracht.

**Wie bist du zur Schauspielerei
gekommen?**
Ich bin nicht zu ihr gekommen, sie hat
mich gefunden ... 1995 auf der Bühne
im Schultheater. Meine Mutter saß im
Publikum und dachte, ich hätte eine
Blinddarmentzündung, weil ich so bitter-
lich geweint habe, als ich die tragische
Nachricht vom Tod Antigones überbracht
habe. Ich habe meine Leidenschaft zum
Beruf gemacht!

Ihr zur Seite steht der Radiotechniker Paul
gespielt von Kinan Al Attar, der eigentlich
Stand-up-Comedian ist.

Judith
Richter

Judith Richter wurde 1978 in München im Sternzeichen Skorpion geboren.

Lebensmotto: See the lights in others and treat them as if it's all you see.

Kim Win Win

Kim Win Win ist eine selbstbewusste, junge Geschäftsfrau. Sie tritt in die in die Fußstapfen ihres Vaters, den sie sehr verehrt und der sich aus einfachen Verhältnissen hochgearbeitet hat. Auf der Suche nach neuen Geschäftsideen kommt sie viel herum, New York, Norwegen und jetzt Falkenstein. Dort will sie Weide-flächen erwerben, um den darunter liegenden, hochwertigen und weltweit knapp werdenden Kies abzubauen. Auch wenn sie zunächst bei Bibi und den Martins auf Granit beißt, lässt sie nicht locker und versucht mit allen Mitteln, an ihr Ziel zu gelangen. Ein Mitglied der Familie Martin scheint ihr allerdings ziemlich zugetan zu sein: Holger! Und das öffnet Kim (vielleicht) so manche Tür …

DIE ROLLE

>> Kim ist zielstrebig, charmant und stilvoll!. <<

JULIA STROWSKI

Julia Strowski

>> Bibi und Tina waren Kindheitsheldinnen, als ich klein war! Ich fand die beiden saucool mit den Pferden und Bibi mit der Hexkraft, und ich find's echt toll, jetzt mittendrin zu sein!! <<

Geburtsjahr und -ort	1998, Summit (USA)
Sternzeichen	Jungfrau
Mein Spitzname	Kimmi, Juju
Meine Hobbys	Tanzen, Ballett und Hip-Hop, Geige spielen
Mein Lebensmotto	Swagetti Yolognese

Endlich Ferien!

Es ist so ein heißer Sommer, dass sogar der Brunnen auf dem Martinshof versiegt. Bibi Blocksberg, die ihre Ferien auf dem Reiterhof verbringt, versucht mit ihrer besten Freundin Tina den Grafen zu überreden, die Kosten für die Bohrung eines neuen Brunnens zu übernehmen. Aber das geht zunächst schief – bis ein mysteriöser junger Spanier namens Chico de la Mancha ins Spiel kommt.

Das Klima

Detlev Buck ist Regisseur. Er hat auch das Konzept der Serie entwickelt und war an der Drehbucharbeit beteiligt.

»Das Klima wird heute überall thematisiert, weil es ein ganz wichtiges Thema ist und es um unsere Zukunft geht. Deswegen haben wir es auch in der Serie aufgenommen. In diesen Ferien spielt der Sommer in Falkenstein verrückt, aktuelle Phänomene wie Trockenheit oder Starkregen spielen eine Rolle. Unsere Geschichten können vielleicht ein paar Anregungen liefern. Selbst Bibi kann kein Wetter hexen, aber wir können so aufmerksam und wach wie Bibi und Tina sein und uns nicht unterkriegen lassen!«

Grüner Tipp von Dirk Schmidt

»Ich finde es sehr gut, dass solche Themen auch in einer Serie wie Bibi & Tina eingeflochten werden, denn das Bewusstsein zu schärfen, ist auch sehr wichtig!«

Von David Gruschka

Liebes Tagebuch

David Gruschka ist Regisseur.

Er hat abwechselnd mit Detlev Buck, der auch das Konzept der Serie entwickelt hat und an der Drehbucharbeit beteiligt war, die Serie inszeniert.

Das Tolle beim Filmemachen ist ja (also unter anderem), dass man Leuten Sahnetorten ins Gesicht schmeißen (lassen) darf. Oder noch besser: Man darf den Leuten die Torten mit einem Riiiiesen-Luftpuster-Gerät ins Gesicht pusten lassen! In unserem Fall war Graf Falko, beziehungsweise Holger Stockhaus, der den Grafen spielt, das Opfer.

Da sollte man nicht vergessen, vorher die Teller und die Tassen auf dem Tisch festzuschrauben. Sonst bläst der Luftpuster ihm das alles an den Kopf und eine Gabel ins Auge. Blöd natürlich, wenn es beim ersten Mal nicht richtig klappt. Denn dann ist nicht nur Graf Falko voller Sahneschmiere, sondern auch das ganze Filmset, und man muss erst wieder sauber machen, bevor man es noch mal drehen kann. Das kostet Zeit, und die hat man beim Filmemachen so gut wie nie.

Der arme Graf! Eine Gabel hat er zwar nicht ins Auge bekommen, dafür zwei dicke Tortenduschen, und danach haben wir ihn in das stickige Eiskostüm gesteckt und den ganzen Tag in der Sonne brüten lassen. Da lief ihm der Schweiß in Sturzbächen aus den Ärmeln und Hosenbeinen – und in die Augen lief er ihm auch. Und da Graf Falko im Gesicht auch ganz viel Eisschminke hatte, lief ihm die gleich mit ins Auge. Das arme Auge ... aber Schauspieler sind hart im Nehmen. Schon am Nachmittag stand Holger wieder vor der Kamera und hat sich nichts anmerken lassen. Vollprofi.

Ähnlich bei der Wasserschlacht: Holger Martin (gespielt von Richard Kreutz) sollte von den Ferienkindern nass gespritzt werden. Aber wieder lief uns die Zeit davon und das Nassspritzen musste mit dem ersten Versuch sitzen. In der Probe flog nicht nur das Wasser, sondern der Blecheimer gleich mit. Aber dann, beim Drehen, hat glücklicherweise alles auf Anhieb geklappt. Der kleine blonde Junge mit der riesigen Zahnlücke, der Holger nass spritzt, wird übrigens von meinem Sohn Pepe gespielt. Die Wasserschlacht war für ihn natürlich ein Highlight. Dabei wurde er direkt vor dem Dreh der nächsten Szene beim Kicken in der Pause aus Versehen von einen dicken Lederfußball getroffen. Da flossen die Tränen und Pepe wollte sofort nach Hause. Das ging nun aber nicht, da er in der nächsten Szene ja wieder im Bild sein musste. Also habe ich ihn an den tapferen Holger Stockhaus erinnert: Schauspieler sind hart im Nehmen und so weiter.

Da hat Pepe die Zähne zusammengebissen und ist zurück ans Filmset. Passenderweise haben wir dann die Szene gedreht, in der Pepe den Martinshof vorzeitig verlassen muss und ganz bedröppelt im Auto sitzt. So konnte Pepe den Schmerz des Fußballtreffers am Ende für eine sehr überzeugende Darstellung des traurigen Ferienkindes nutzen. Vollprofi.

Splish-Splash

Bibi und Tina machen einen Ausflug zum See, wo Alex live für Radio Flamingo über Mermaiding berichtet. Bibi passt es überhaupt nicht, dass Chico nicht nur auf dem Martinshof aushilft, sondern sie auch zum See begleitet. Sie findet, dass Chico ein Angeber ist. Außerdem verschweigt er ihnen etwas. Und dann droht der Nichtschwimmer auch noch zu ertrinken, als Freddy, Henk und Klops ihn ins Wasser schubsen! Zur Strafe müssen die Jungs den Strand vom herumliegenden Müll befreien. Und das ist richtig viel Arbeit!

THEMA
Das viele Plastik

Es dauert ungefähr 450 Jahre, bis sich eine normale Getränkeflasche aus Plastik vollständig aufgelöst hat. Sie zerfällt nicht, wie Stoffe aus der Natur es tun, sondern wird in immer kleinere Teile zerrieben. Jährlich landen circa acht Millionen Tonnen Plastikmüll im Meer. Im Pazifik schwimmt ein Müllteppich, der vier Mal so groß ist wie Deutschland. Die Tiere im Meer essen den Müll und sterben daran. Und auch für den Menschen ist zu viel Plastik im Wasser schädlich.

Grüner Tipp von Benjamin Weygand

»Beim Grillen am See sieht man oft Müll herumliegen. Das kann ich nicht nachvollziehen. Deshalb: Sachen, die eigentlich selbstverständlich sein sollten, wie z.B. seinen Müll wegräumen, einfach machen!«

Grüner Tipp von Richard Kreutz

»Vermeidet Plastik! Und wenn ihr draußen seid, werft euren Müll in den Mülleimer!«

Von Dominikus Weileder

Liebes Tagebuch

Für meine Bandkollegen Leif und Jovis ist es einer ihrer letzten Drehtage.
Wir haben eine unglaublich schöne Zeit miteinander verbracht, daher
geht es etwas melancholisch mit Harriet und Ina zum neuen Drehort:
dem Badesee. Aber wir sind auch voller Vorfreude, denn jetzt dürfen wir
es noch mal so richtig krachen lassen. Während besonders heißen Dreh-
tagen hat sich jeder von uns sehnsüchtig einen Sprung in einen kalten
Badesee gewünscht. Diesen Wunsch haben wir uns auch das ein oder
andere Mal erfüllt, aber direkt am See zu drehen und während den Takes
schwimmen zu dürfen, ist natürlich die perfekte Mischung!

Als Erstes wird die Fahrt mit den Motorrädern zum See gefilmt. Ein bisschen fühlen wir uns wie die Könige der Welt, und das pusht unser Selbstvertrauen gewaltig in die Höhe. Ein Push, der aber auch gewaltig in die Hose gehen kann. Wortwörtlich in die Hose! Denn bei dem Annäherungsversuch an Tina, mit der Bitte, mir den Rücken mit Sonnencreme einzuschmieren, landete fast die gesamte Creme in meiner Badehose. So ein ganz spontaner Einfall! Im Laufe der Dreharbeiten habe ich festgestellt, dass solche Szenen Harriet am meisten Spaß machen. Woran das wohl liegt?

Fragen an Henk und Klops:

WAS IST EIGENTLICH E-CASTING?

Wie seid ihr auf die Idee gekommen, euch zu bewerben?

Leif: Ich hatte den Aufruf im Internet gelesen und Jovis gezeigt. Wir fanden uns beide für die Rolle von Freddy geeignet, weil wir uns mit ihm und seinen Interessen echt identifizieren können!

Wie habt ihr das denn mit dem E-Casting gemacht?

Leif: Ich lebe auf einem Hof mitten in der Natur und wir haben Pferde und natürlich auch Crossmaschinen – das Feeling stimmte schon mal. Also haben wir uns die Texte angeschaut und dann einfach improvisiert. Wir hatten echt Fun: Jovis hat die Texte seeehr frei ausgelegt, und wir haben meine älteste, ziemlich kleine Maschine genutzt, auf der man eh schon urkomisch aussieht – und die dann einige Male nicht ansprang, als wir starten wollten. Das haben wir dringelassen, und es sind wirklich lustige Szenen entstanden …

Jovis: Stimmt! Ich hatte den Text nicht wirklich drauf und daher ziemlich improvisiert. Aber die Umgebung bei Leif auf dem Hof, das war schon das ideale Ambiente, da kommt ohnehin Bibi & Tina-Feeling auf, mit den Pferden und allem.

Leif: Wir wussten nicht, dass in der Serie auch zwei Freunde von Freddy gesucht wurden und waren dann ziemlich überrascht, als wir gemeinsam angefragt und für Henk und Klops zum Live Casting

eingeladen wurden. Dort haben wir dann Dimi kennengelernt und es hat sofort gefunkt!

Dominikus: Bei mir war es so, dass eine Freundin mich darauf hingewiesen und gesagt hat: Bewirb dich doch mal, der Freddy passt doch voll zu dir! Und ich hab's einfach probiert!

Fame ist lame

Endlich Regen! Doch ausgerechnet jetzt machen die Social Media-Stars Fritzi und Mitzi einen Besuch auf den Martinshof. Bibi und Tina müssen sich etwas einfallen lassen, damit der Reiterhof trotz des schlechten Wetters eine gute Bewertung bekommt. Gar nicht lustig, dass Fritzi und Mitzi Aufnahmen der hexenden Bibi posten und plötzlich sensationshungrige Kids auf dem Martinshof auftauchen. Doch am Ende haben auch die beiden Mädchen verstanden, dass man ohne Zustimmung nicht einfach posten darf, was man will. Zudem kommt eine junge, geheimnisvolle Geschäftsfrau namens Kim Win Win auf den Martinshof, die Land kaufen will – und Holger verliebt sich Hals über Kopf in sie.

THEMA
Soziale Medien

Soziale Medien sind aus unserem Leben nicht mehr wegzudenken. Man kann sich schnell informieren und austauschen, jederzeit mit seinen Freunden und Freundinnen kommunizieren und Beziehungen aufbauen. Allerdings können Altersgrenzen leicht umgangen werden, und man hat keine Kontrolle darüber, was mit veröffentlichten Inhalten geschieht, egal, ob sie wahr oder erfunden sind. Andere Nutzer können Bilder ansehen, kopieren, herunterladen oder gar bearbeiten und schlimmstenfalls auch gegen dich verwenden. Und sobald ein Bild, ein Text, eine Information einmal im Netz aufgetaucht ist, ist es unmöglich, dies ohne Spuren rückgängig zu machen. Deswegen ist es wichtig, sich über Nutzen und Gefahren zu informieren. Unsere Schauspielerinnen und Schauspieler haben sogar extra einen Workshop dazu gemacht.

TIPP VON DOMINIKUS WEILEDER

Ich folge entweder anderen, die ich persönlich kenne, oder welchen, die mich durch ihre Posts für etwas begeistern und inspirieren. Also wichtig ist, dass ich interessant finde, was sie da auf Instagram treiben.

Von Richard Kreutz

☆ Liebes Tagebuch

Nach einem kleinen Catering-Frühstück, das wie immer eine köstliche
Auswahl anbietet, geht's gut gelaunt zum Set auf den Martinshof. Dort
werde ich von der Pferdetrainerin begrüßt, mit Billy the Kid an ihrer Seite,
der mich frech angrinst. Billy kommt extra aus München. In der Küche
sind alle startklar. Doch plötzlich riecht es irgendwie komisch. Mit einem
Blick zu Billy ist alles klar. Für ihn sind die Räume im Haus noch etwas
ungewohnt, bisher haben wir immer draußen gedreht. Und was macht
ein Tier, wenn es nervös ist und die Situation nicht einschätzen kann?
Genau! Vor dem Kamerateam liegt ein großer Haufen Pferdeäpfel!

Da kommt Unruhe auf, weil es Zeit kostet, alles wegzumachen, und am Set eigentlich immer Zeitdruck herrscht. Während Billys Ausscheidungen weggekehrt werden, muss ich doch grinsen und denke im Stillen, dass mein kleines Pony echt witzig ist!

Als Billy später Fernsehen schauen soll, sorgt er dafür, dass Franziska und ich einige Takes verpatzen, weil wir sogar vor der Kamera richtig laut lachen müssen. Wie Billy da vor seiner Cartoonserie hockt, ist einfach super lustig. Billy hat definitiv ein Talent dafür, sich in Szene zu setzen und auch in den unpassendsten Momenten auf sich aufmerksam zu machen. Typisch Schauspieler!

Bibi lässt die Sau raus

Im Maisfeld des Mühlenhofbauern haben zum wiederholten Mal Wildschweine gewütet. Bibi, Tina und Alex sind stinksauer, dass Graf Falko die Tiere zum Abschuss freigibt. Chico hingegen stellt sich auf Graf Falkos Seite! Alex berichtet zum Ärger seines Vaters empört im Radio über die Jagd, während Bibi und Tina zum Maisfeld reiten. Bibi versucht sich in ein Schwein zu verhexen, um die Rotte davon zu überzeugen, woanders ihr Futter zu suchen. Das Unterfangen wird gefährlich, als die Jagd startet, während Bibi immer noch in dem dichten, undurchsichtigen Maisfeld unterwegs ist. Endlich kommt Alex und versucht, seinen Vater zum Abbruch der Jagd zu bewegen. Zum Glück hat Bibi eine rettende Idee, die mit Chicos und Alex' Unterstützung tatsächlich zum Erfolg führt. Chico ist sehr beeindruckt von Bibis gutem Riecher!

Der Drehtag von Detlev Buck

Man kommt morgens an den Drehort und alles ist da, die Schauspielerinnen und Schauspieler in Kostüm und Maske, Licht, Ton, Kamera, Technik, Requisite, Assistenz, das ganze Team, und alle warten darauf, dass es losgeht. Und es muss nun etwas am Set entstehen, was davor nur völlig theoretisch im Raum stand. Alles muss jetzt zusammenwachsen und lebendig werden. Es ist wichtig, als Regisseur die Ruhe zu behalten und gleichzeitig auch die Leidenschaft zu bewahren, dass etwas Kreatives entstehen kann. Glück ist in gewisser Weise auch notwendig, weil man manches beim Außendreh, wie z.B. das Licht, nicht beeinflussen kann.

Sehr viele Dinge müssen an einem ganz normalen Drehtag gut mit-einander harmonieren. Martin Scorsese, ein berühmter Regisseur, hat einmal gesagt, dass Film deshalb so schwierig sei, weil so viele Menschen Dinge gut machen wollen. Den Drehtag im Maisfeld haben wir mit der Feldmaus begonnen, mit der haben wir nur einmal gedreht und dann ist sie abgehauen. Sie war aber brillant (lacht). Und die Szene war im Kasten!

Grüner Tipp von Franziska Weisz

»Mit unserer Ernährung können wir wahnsinnig viel zum Umweltschutz beitragen. Nachhaltig produzierte Nahrung ist nicht nur gesünder, sie bedeutet auch weniger CO_2-Belastung, weniger Abholzung des Regenwaldes, weniger Tierleid, weniger Artensterben, mehr Trinkwasser und Essen für alle Menschen auf der Welt.«

Grüner Tipp von Christoph Moreno

»Ich bin Vegetarier. Und ich achte darauf, nicht zu viel zu kaufen. Nicht immer das neueste Handy oder die neuesten Klamotten, sondern auch mal Second Hand. Konsum reduzieren!«

FOLGE 5

Bibi will ihre Freundin zurück

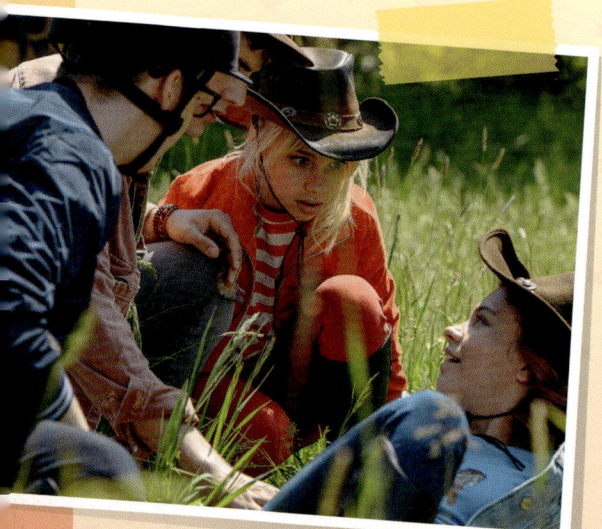

Nach einem Reitunfall leidet Tina unter Gedächtnisverlust und fährt plötzlich total auf Chico ab! Bibi und Alex interessieren sie kaum noch, und was die beiden auch probieren, nichts scheint die alte Tina zurückzubringen.

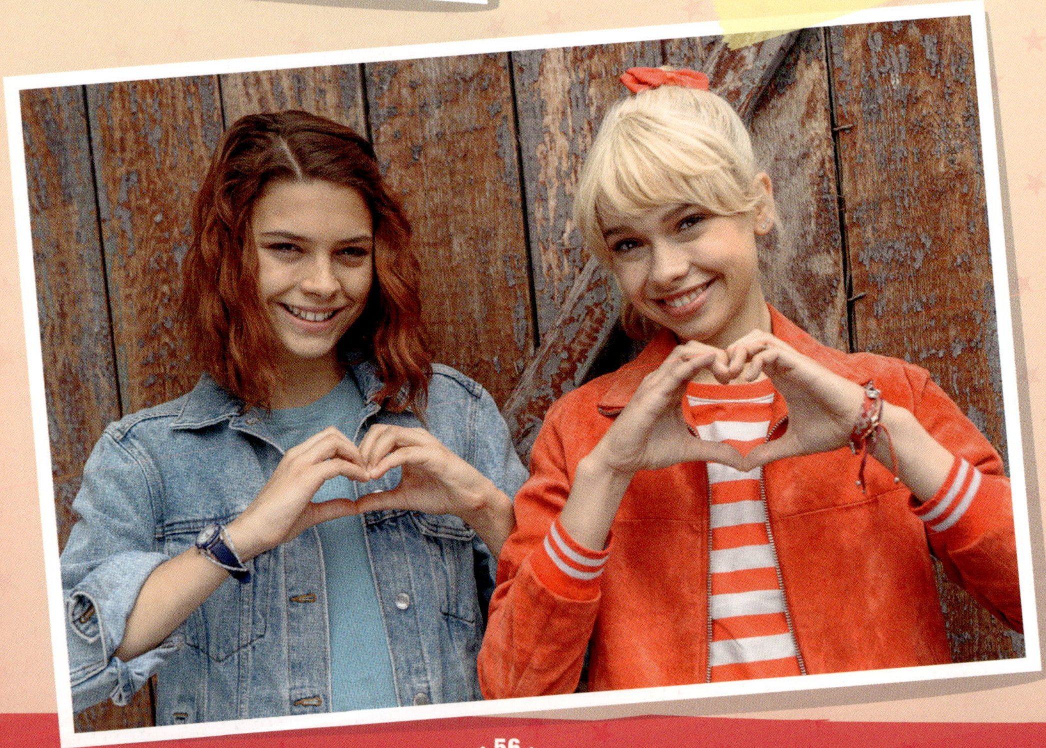

THEMA
BFF – Best Friends Forever

Als Bibi zum ersten Mal Reiterferien auf dem Martinshof gemacht hat, hätte sie nicht gedacht, dass sie dort ihre beste Freundin für immer treffen würde. Mit Tina kann sie über alles reden und jeden Gedanken teilen. Tina hat immer den klaren Kopf, den Bibi im Überschwang manchmal verliert. Und gleichzeitig ist Bibis Temperament und Spontanität für Tina auch ein Antrieb, über ihre eigenen Grenzen hinauszugehen. Man sagt ja »Gegensätze ziehen sich an«, und genauso gibt es den Spruch: »Gleich und gleich gesellt sich gern«. Das gilt auch für Bibi und Tina – beide sind ehrlich, herzlich und immer offen für die Sorgen und Nöte aller.

Manchmal wird eine Freundschaft auf die Probe gestellt. Vor allem, wenn man das Gefühl hat, jemand anderes wird wichtiger für die beste Freundin als man selbst. Zum Glück finden Bibi und Alex den wahren Grund für Tinas Verhalten heraus und können so gemeinsam wieder alles ins Lot bringen!

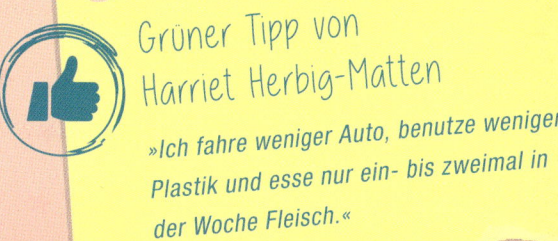

Grüner Tipp von
Harriet Herbig-Matten

»Ich fahre weniger Auto, benutze weniger Plastik und esse nur ein- bis zweimal in der Woche Fleisch.«

Von Harriet Herbig-Matten

Liebes Tagebuch

Heute musste ich auf Spanisch singen und tanzen. Ich habe gestern extra
mit Chris den spanischen Text geübt, da er gut Spanisch kann. Am Set
angekommen, ging alles ziemlich schnell. Es hieß sofort umziehen und
dann ab in die Maske. Ich bekam nicht die übliche Tina-Frisur, sondern
meine Flamenco-Frisur. Sobald ich das Kleid anhatte, fühlte ich mich
wie eine spanische Tänzerin. Dann mussten wir sofort zum Set laufen,
wurden vom Tonmann verkabelt und haben die Szene geprobt. Ich hab
einfach losgelegt und laut und schief auf Spanisch gesungen. Ich musste
mehrmals Chris nach dem Text fragen, weil ich mir den einfach nicht
merken konnte. Aber irgendwann war ich so gut drin, dass ich nicht mehr
darüber nachdenken musste. Außerdem war da noch ein Truthahn, der
die ganze Zeit um uns herumgelaufen ist und sehr laut gegackert hat.
Das hörte sich so an, als würde jemand sehr laut lachen, haha. Irgendwie
hat das alles so viel Spaß gemacht, weil die Szene nicht so war wie die
anderen und Tina nicht so ist wie sonst, sondern eine richtige Nummer!

Nachdem wir fertig waren, kam der Truthahn dran. Die Tiertrainer hatten alles versucht, um ihn wieder zum Gackern zu bringen, aber jetzt wollte er nicht mehr. Ich kam zufällig vorbei, und David bat mich, noch mal zu singen. Ich hab mir nichts dabei gedacht und wieder in voller Lautstärke losgesungen. Plötzlich fing der Truthahn an, laute Geräusche zu machen … und hörte gar nicht mehr auf zu gackern. Ob ihm mein Singen so sehr gefallen hat, dass er mitmachen wollte, oder ihn gestört und gar nicht so gefallen hat, ich weiß es nicht. Wir haben alle sehr gelacht. Das war ein sehr schöner Abschluss des Tages!

Wahrheit oder Pflicht

Ein Supermond steht bevor. Ideal für eine Spielenacht in der Scheune, finden Bibi und Tina. Bei »Wahrheit oder Pflicht« fühlt Bibi Chico auf den Zahn, wer die ominöse Frau am Telefon war, um am Ende sein wahres Geheimnis zu erfahren.

Von Katharina Hirschberg

Liebes Tagebuch

Der Tag heute war unglaublich anstrengend. Als wir in die Scheune gingen, wären am liebsten alle sofort wieder raus! Drinnen war es noch heißer als draußen und ziemlich stickig, der Staub wirbelte durch die Luft … Aber wir haben alle die Zähne zusammengebissen und angefangen. Mit der Zeit gewöhnte man sich tatsächlich an die Hitze und es war gar nicht mehr so schlimm, auch wenn wir trotzdem alle in jeder Drehpause nach draußen gestürmt sind!

In der Mittagspause haben die Ferienkinder, Harriet und ich die Pferde gestreichelt und Eis gegessen, um uns abzukühlen. Dann haben wir am Nachmittag noch weitergedreht bis Drehschluss, und es hat trotz der Hitze so viel Spaß gemacht, weil wir echt coole Szenen hatten und viel lachen mussten.

Wir haben dann am Set gegessen. Als Raphi, einer der Fahrer, Wasserpistolen aus seinem Auto holte, haben auch Dominikus, Harriet, Richard, Ben und ich uns welche geschnappt und mit den Kindern eine große Wasserschlacht gemacht, was das perfekte Ende für den wohl heißesten Drehtag war.

Grüner Tipp von Katharina Hirschberg

»Ich selbst esse kein Fleisch und versuche, Plastik zu vermeiden, indem ich z.B. beim Einkaufen immer meine eigenen Taschen mitnehme. Und ich fahre sehr viel Fahrrad, Bus und Zug und sehr, sehr wenig mit dem Auto!«

Ein Sturm zieht auf

Als Chico Graf Falko mitteilt, dass er sein Sohn ist, reagiert dieser abweisend. Zudem bricht Hengst Allegro aus und Bibi und Chico müssen ihn aufhalten, bevor jemand Schaden nimmt. Bibi kann das Geheimnis nicht für sich behalten und weiht Tina ein. Die wiederum macht sich Sorgen um Alex, wie er das alles aufnehmen wird.

Eilig reiten sie zum Schloss, wo Alex Dagobert bei seinen Bienenstöcken interviewt. Er weiß nichts von Chico, erfährt aber von den Bienen, dass ein heftiger Sturm droht. Alex eilt sofort zum Radio, um alle zu warnen. Bibi und Tina kehren ratlos zum Martinshof zurück.

Grüner Tipp von Herman van Ulzen

»Ich bin gegen schnelle und große Autos und gegen die Vielfliegerei! In Holland z.B. darf man auf Landstraßen generell nur 80 km/h fahren und im ganzen Land nicht überholen. Auf Autobahnen gilt grundsätzlich 120 km/h, meistens sogar langsamer.«

Von Herman van Ulzen

Liebes Tagebuch

Ein bisschen Angst hatte ich schon vor dem Drehtag mit den Bienen. Ich bin mal von einer Biene gestochen worden, direkt in meine Armbeuge, weil ich sie dort versehentlich eingeklemmt hatte. Mein Arm wurde doppelt so dick wie normal, und ich dachte schon, dass ich allergisch gegen Bienenstiche bin, aber das ist nicht der Fall. Beim Bibi & Tina-Dreh waren sogar ein Krankenwagen und zwei Sanitäter da, falls was passieren sollte. Und auch ein echter Imker, der sagte, wie man sich verhalten soll.

Ich hatte ja einen Imkeranzug an sowie Handschuhe, und mir konnte eigentlich nix passieren. Den ganzen Tag inmitten summender Bienen war ein richtiges Erlebnis. Alle waren sehr ruhig und konzentriert.

Morgens war es noch ziemlich kühl, zum ersten Mal seit Langem, so waren die Bienen auch noch sehr ruhig. Je mehr die Sonne schien, desto lauter wurde das Summen, aber es wirkte wahnsinnig beruhigend, und wir Schauspieler fühlten uns fast einig und befreundet mit den Bienen. Hoffentlich ist es eine schöne Szene geworden mit diesen so wichtigen Tieren!!!

Von Simon Grzesczak, Horsemaster

ALLEGROS FLUCHT

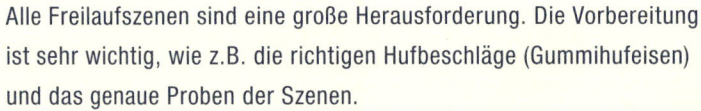

Alle Freilaufszenen sind eine große Herausforderung. Die Vorbereitung ist sehr wichtig, wie z.B. die richtigen Hufbeschläge (Gummihufeisen) und das genaue Proben der Szenen.

Durch die Häuser war der Fluchtweg durchs Dorf klar begrenzt. Das Pferd sollte auf dem Kopfsteinpflaster durch die Gasse und dann quer über den Dorfplatz galoppieren. Eine enorme Spannung lag in der Luft. Der Rappe wurde oben an den Start geführt, während unten die Trainerin bereit stand. Dort war auch die Kamera positioniert. Als Ton und Kamera bereit waren, rief sie laut nach ihrem Pferd und lockte es in ihre Richtung. Mein Team hatte diesen Weg schon einige Male geübt, so dass dem Pferd die Aufgabe ganz klar war. Und es klappte gleich beim ersten Mal. Mit vollem Tempo stürmte das Pferd durch die Gasse zu seiner Trainerin, die ihn begeistert lobte. Als er bei ihr war, applaudierten alle Zuschauer, denn es war sehr beeindruckend gewesen.

Auch die Verfolgungsjagd an der Straße im Wald war sehr aufregend.
Wir hatten den Weg eingeübt, aber jetzt kamen ja noch andere Pferde
und sogar Autos hinzu. Diesmal fuhr die Kamera auf einem eigens
dafür hergerichteten Auto neben dem Pferd her, sodass deren Tempo
zusammenpassen musste. Das war nicht so einfach und musste mehrmals wiederholt werden. Jedes Mal musste die Straße für alle anderen
abgesperrt werden. Zum Glück hatten wir zwei Pferde dabei, die sich
abwechseln konnten.

Simon Grzesczak
Horsemaster und Stunt Coordinator

Kannst du uns ein bisschen über die Pferde berichten, die ihr an das Set von Bibi & Tina mitgebracht habt?

Die Pferde waren sehr unterschiedlich, nicht nur in Bezug auf ihre Rassen. Einige von ihnen kannten schon das Starleben eines Filmpferdes. Für andere war es trotz Show-Background eine neue Erfahrung. Ich freue mich, dass sie alle so super mitgemacht haben. Es steckt eine jahrelange Ausbildung hinter jedem der Pferde. Dies bedeutet, eine besonders hingebungsvolle und zeitintensive Beziehung zwischen dem Trainer und seinem Schützling aufzubauen. Erst wenn eine solche Vertrauensbasis vorhanden ist, kann man die besonderen Aufgaben bewältigen.

Was macht ein »Filmpferd« aus?

Grundsätzlich sollte ein Filmpferd ruhig und interessiert sein. Wenn ein Pferd zu schreckhaft ist, kann das gefährlich für Mensch und Pferd werden, da man beim Film immer von Technik, Menschen oder anderen Tieren umgeben ist. Das Pferd sollte brav sein, kein aggressives Verhalten an den Tag legen und mit anderen Menschen und Pferden umgehen können. Besondere Fähigkeiten sind natürlich auch vorteilhaft, wie steigen, liegen und andere Kunststücke. Letztendlich sind die Pferde aber so unterschiedlich wie die Aufgaben.

Alles im Eimer

Der Sturm wütet! Bibi und Chico bringen Allegro in den Stall des Martinshofs und treffen dort auf Tina und Alex. Jetzt erfährt auch Alex Chicos Geheimnis und ist empört, wie sich sein Vater verhalten hat. Denn er ist überglücklich, endlich einen Bruder zu haben! Bibi hext daraufhin Graf Falko herbei, um ihn zur Rede zu stellen.

Von Simon Grzesczak

LOTTI UND DAS FOHLEN

Wie glücklich waren wir, als wir tatsächlich ein schwangeres Filmpferd gefunden hatten. Aber wie kann man eine Geburt filmen, ohne die Stute und das Fohlen zu stören? In vielen Gesprächen wurde endlich eine Lösung gefunden. Sobald sich die Geburt ankündigte, wurde der Kameramann benachrichtigt und fuhr ganz allein und schnell zum Stall. Vorher wurde die Box genau besichtigt, um eine ähnliche Box auf dem Martinshof einzurichten, so dass man dann dort später mit den Schauspielern weiterdrehen konnte.

Und so machten sich Lotti und ihr Fohlen einige Zeit später auf ihre erste
Reise als Filmpferde. Zum Glück sind Pferde Fluchttiere und die Fohlen
entwickeln sich am Anfang sehr schnell. Lotti und ihr Fohlen waren
die Stars am Set. Die Stute hatte eine wunderbare Ruhe und eine ganz
enge Bindung zu ihrer Betreuerin, so dass sie sich tatsächlich hinlegte
und aufstand wie gewünscht. Und das Fohlen stakste neugierig um sie
herum, immer bemüht, ganz nah bei ihr zu bleiben. Alle mussten an dem
Drehtag noch mehr auf Ruhe achten als sonst und jede Hektik vermeiden.
Das war eine ganz tolle Atmosphäre!

Grüner Tipp von Kaya Loska

»Ich kann jedem ans Herz legen, sich mit den
aktuellen Problemen der Welt auseinanderzusetzen
und seinen eigenen, wenn auch nur kleinen Teil zur
Besserung beizutragen. Niemand muss die Welt
retten – aber jeder kann etwas verbessern!«

Freunde sind auch Familie

Graf Falko möchte ganz Falkenstein seinen neuen Sohn vorstellen und lädt zum großen Event in den Falkensteiner Dorfkrug. Da darf Chicos Mutter Elena nicht fehlen, findet Bibi, und hext sich nach Spanien, um sie zu holen. Doch sie erfährt von Elena eine überraschende Neuigkeit.

Von Chris Moreno

Liebes Tagebuch

Ina und ich dürfen unterm Sternenhimmel und vor beleuchtetem Schloss unser Duett an einem echten Flügel singen. Während es langsam dunkel wird, machen sich allmählich alle für das Musikvideo bereit. Man merkt eine freudige, aber auch etwas hektische Anspannung. Denn bis es dunkel ist, muss alles fertig sein. Der Flügel muss aufgebaut, die Lichterketten aufgehängt und die Kamera eingestellt werden.

Die Kulisse ist wunderschön und der Song wird in einer einzigen Einstellung aufgenommen. Das heißt, wir müssen den Song durchspielen, also singen, und es wird gedreht, ohne zwischendrin eine Pause zu machen. Und so soll der Moment dann auch im Film vorkommen, ohne einen Schnitt. Unser Kameramann hat daher eine sehr schwierige Aufgabe. Und wir mussten natürlich auch gut sein! Nach zwei bis drei Anläufen hat alles prima geklappt, und als wir uns die Szene am Ende alle zusammen auf dem Kontrollmonitor angucken, sieht es richtig magisch aus!

Grüner Tipp von Julia Strowski

»Nach dem Abitur war ich Teil der UNICEF-Jugenddelegation und habe mich mit verschiedenen Problemen auseinandergesetzt. Auch als Kind/Jugendlicher sollte man ernst genommen werden und den Mut haben, für seine Zukunft zu kämpfen!«

Von Benjamin Weygand

Liebes Tagebuch

Heute wurde es für mich so richtig spannend: Auf dem Plan steht die Szene, in der Alex denkt, dass Chico ertrinkt, und deshalb mitsamt Klamotten ins Wasser springt! Auf das Wasser freute ich mich besonders – wann springt man schon mit Klamotten ins Wasser? Doch Detlev Buck teilte mir mit, dass er den Sprung ins Wasser gestrichen hatte. »Was?«, fragte ich. »Aber wenn Alex denkt, Chico ertrinkt, dann kann ich doch nicht nur am Rand stehen und seinen Namen rufen! Ich muss da rein-springen!« Nach kurzem Überlegen willigte Buck schließlich ein, am Ende eine Variante zu machen, bei der ich reinsprang.

Wir drehten den Anfang ein paar Mal, und dann war es endlich so weit. Der Grund des Sees wurde auf Verletzungsgefahr geprüft, und es konnte losgehen. Ich sprang am Ende mit den Reiterstiefeln voraus ins Wasser. Um Himmels willen, war das kalt! Ich tauchte wieder auf, um meinen Text zu sagen, heraus kam jedoch nur ein jämmerliches Luftschnappen. Ich tauchte noch mal kurz unter und versuchte das mit dem Sprechen erneut, diesmal mit mehr Erfolg. Jetzt irritierte mich etwas anderes: Durch das Laufen auf den Algen und dem Gestrüpp am Grund des Sees hatte ich eine dicke Gestankswolke verursacht. Ich war ganz froh, als die Szene geschafft war.

Grüner Tipp von Celina Schultheiß

»Jeder sollte so viel wie möglich tun, um unsere Umwelt zu schützen. Ich versuche immer wieder neue Wege zu finden, nachhaltiger zu leben und andere dazu zu inspirieren. Ich glaube fest daran, dass jeder kleine Schritt einen Unterschied macht.«

Festival für Falkenstein

Ende gut, alles gut? Eigentlich wollen Bibi, Tina, Alex und Chico ihre Freundschaft feiern. Doch dann erfahren sie, dass Frau Martin sich doch hat überzeugen lassen, dem Landverkauf an Kim Win Win zuzustimmen. Deren Pläne für Falkenstein sind viel größer als gedacht, so dass Bibi gar nicht anders kann, als noch einmal zu hexen.

Von David Gruschka

Liebes Tagebuch

Den Dreh des Festivals habe ich nicht als Regisseur erlebt, sondern als »Bürgermeister«. So hieß meine Statistenrolle, die ich meinem Sohn Pepe zuliebe übernahm. Dem hatte es nämlich auf dem Martinshof so riesig gut gefallen, dass er unbedingt noch mal dorthin wollte. Der tolle Ort, all die süßen Tiere und vor allem all die coolen Darsteller hatten es ihm schwer angetan.

Und da wir das Zimmer von Bibi und Tina bereits abgedreht hatten, war es frei, um dort für ein paar Tage zu wohnen. Bestimmt der Traum aller echten Bibi&Tina-Fans. (Jedoch wird man morgens um halb sechs erst vom Esel und dann um Punkt sechs vom Esel, dem Ziegenbock und dem Hahn geweckt.)

Ein echter Bibi&Tina-Fan war Pepe bei Beginn der Dreharbeiten allerdings wirklich nicht (»Oh, Papa, das ist doch voll mädchenmäßig«). Aber das hat sich inzwischen schwer geändert und Pepe lernt jetzt sogar E-Gitarre, um irgendwann auch mal so cool zu rocken, wie Freddy and the Blacksmiths …

GRÜNE TIPPS
– was wir alle tun können

Schützt eure Umwelt, Natur und Menschen, wie euch selbst. Alles ist vergänglich, nur das Gelebte zählt.   CAROLINA VERA

Beim Umweltschutz geht es ja auch darum, die Umwelt so intakt zu halten, dass wir Menschen noch lange in ihr leben können. Ich versuche möglichst Bio-Lebensmittel zu kaufen und zu essen. Die belasten die Umwelt und uns Menschen weniger. Und ich habe kein Auto.   HOLGER STOCKHAUS

Ich kaufe nur Second Hand-Kleidung. Und ich habe einen Hund, den wir aus einer Tötungsstation freigekauft haben. Das ist auch Umweltschutz, wenn man einem Hund hilft, ein gutes Zuhause zu finden.   DOMINIKUS WEILEDER

Ich nehme beim Einkaufen immer eine große Tasche mit. Auch suche ich, wenn es kalt ist und man nicht Fahrrad fahren kann, eine Mitfahrgelegenheit oder einen Bus, wenn ich in die Stadt will, damit meine Eltern nicht extra Auto fahren müssen. Das ist auf dem Land schwerer, als man denkt. ;-)   SERENA OEXLE

Jobbedingt fliege ich leider viel. Aber wenn ich in Deutschland bin und drehe, versuche ich viel mit der Bahn zu fahren. DANIEL DONSKOY

Ich habe einen sehr, sehr guten Freund, der lange auf Honduras gelebt hat. Als er zu Besuch war und gesehen hat, wie ich versuchte, mit Papiertüchern die Fenster zu putzen, meinte er: »Sag mal, bist du eigentlich des Wahnsinns?!« Daraufhin habe ich mir angewöhnt, mit trockenen Stofftüchern die Fenster zu putzen, auch wenn es sehr viele Schlieren bringt, aber es ist sonst einfach eine wahnsinnige Verschwendung. JUDITH RICHTER

Ich versuche, Müll zu trennen, Plastik zu vermeiden und weniger Fleisch zu essen. Und manchmal rede ich darüber in den Comedy Shows, wo ich auftrete. KINAN AL ATTAR

Und was fällt dir ein?

Sollte diese Publikation Links auf Webseiten Dritter enthalten,
so übernehmen wir für deren Inhalte keine Haftung,
da wir uns diese nicht zu eigen machen, sondern lediglich auf
deren Stand zum Zeitpunkt der Erstveröffentlichung verweisen.

Verlagsgruppe Random House , FSC® N001967

Bei diesem Buch wurden die durch das verwendete Material und
die Produktion entstandenen CO_2-Emissionen ausgeglichen, indem
der cbj-Verlag ein Projekt zur Aufforstung in Brasilien unterstützt.
Weitere Informationen zu dem Projekt unter:
www.ClimatePartner.com/14044-1912-1001

1. Auflage 2020
© 2020 cbj Kinder- und Jugendbuchverlag
in der Verlagsgruppe Random House GmbH,
Neumarkter Str. 28, 81673 München
Geschrieben von Wenka von Mikulicz
Alle Rechte vorbehalten
© 2020 KIDDINX Studios GmbH, Berlin
Redaktion: Jutta Dahn
Lizenz durch KIDDINX Media GmbH,
Lahnstraße 21, 12055 Berlin
www.bibiundtina.de
Umschlaggestaltung: Kathrin Schüler
Umschlagmotiv: © 2020 Amazon.com and its affiliates
Fotos: © 2020 Amazon.com and its affiliates
TP • Herstellung: AJ, Satz: Kathrin Schüler
Druck: Těšínská tiskárna, a.s., Český Těšín
ISBN 978-3-570-17741-9
Printed in Czech Republic

www.cbj-verlag.de